D1358218

TROIS VOIX
L'ÉCHO

Les Écrits des Forges
ont été cofondés par Gatien Lapointe
en 1971 avec la collaboration de
l'Université du Québec à Trois-Rivières.

La SODEC (Société
de développement des
entreprises
culturelles) et le
Conseil des Arts du
Canada ont aidé à la
publication de cet
ouvrage.

Le Conseil des Arts   The Canada Council
du Canada   for the Arts

Canada

*« Nous reconnaissons l'aide financière du gouvernement
du Canada par l'entremise du Programme d'Aide au
Développement de l'Industrie de l'Édition (PADIÉ)
pour nos activités d'édition ».*

Illustration de couverture : Germaine Beaulieu

Photo de l'auteure : Nicole Brossard

Distribution au Québec

En librairie :
Diffusion Prologue
1650, boul. Lionel Bertrand, Boisbriand, J7E 4H4
Téléphone: (514) 434-0306 / 1-800-363-2864
Télécopieur: (514) 434-2627 / 1-800-361-8088

Autres :
Diffusion Collective Radisson
1497, Laviolette, C.P. 335
Trois-Rivières, G9A 5G4
Téléphone : (819) 379-9813 — Télécopieur : (819) 376-0774
Courrier électronique : ecrits.desforges@aiqnet.com

Distribution en Europe

Denis Boutillot
15/21 Cornet, 93500 Pantin / France
Téléphone : 48.10.05.63 — Télécopieur : 49.42.19.38
Courrier électronique : ecrits@club-internet.fr

ISBN : 2 - 89046 - 576 - 4

Dépôt légal / Deuxième trimestre 2000
BNQ ET BNC

GERMAINE BEAULIEU

TROIS VOIX L'ÉCHO

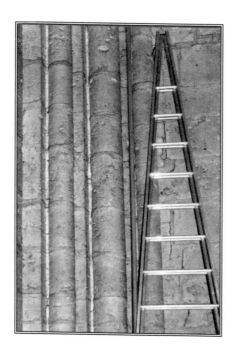

Écrits des Forges
C.P. 335, Trois-Rivières, Québec, Canada G9A 5G4

DE LA MÊME AUTEURE

Envoie ta foudre jusqu'à la mort, Abracadabra, poésie, Montréal, Éditions de la Pleine Lune, 1977, 96 p.

Sortie d'elle(s) mutante, roman, Montréal, Éditions Quinze. 1980. Collection « Réelles ». Réédition, Montréal, Éd. Herbes rouges, 1987, 116 p.

Archives distraites, poésie. Trois-Rivières, Éditions Les Écrits des Forges, 1984, 64 p.

Textures en textes, poésie, Montréal, Éditions du Noroît, 1986, 80 p.

Aires sans distance, Montréal, Éditions du Noroît, 1986, 80 p.

Réelle distante, poésie, Trois-Rivières, Éditions Les Écrits des Forges. 1991, 88 p.

Voie lactée, poésie, Trois-Rivières, Éditions Les Écrits des Forges. 1991, 64 pages.

De L'Absence à volonté, poésie, Trois-Rivières, Coédition : Éditions Les Écrits des Forges / proverbe (Paris). 1996, 140 p.

Série de douze cartes postales/ poèmes, Trois-Rivières, Éditions Les Écrits des Forges, 1996.

Entre deux gorgées de mer, Trois-Rivières, Éditions Les Écrits des Forges, 1998, 105 p.

D'un seul écho trois voix se touchent

À Christiane
Ida, la mère
Julie, l'enfant

Première voix

l'écho

du silence en vrac

À chaque matin sa vie.
Une flèche de lumière
dans la ville croise le temps.
À l'aube
les corps affamés
entre les gratte-ciel terreux
se montrent nus.
Poings sur les tempes
le cœur palpite.
Soudainement
les gestes prennent un sens
loin du soleil
un écho à leur cri.
La porte est levée
le va-et-vient de l'existence
brûle le pavé.

Les voix se brisent.
Tombent dans la noirceur
des harmonies perdues.
Vivre
encore recommencer
un karma nord-américain.
Un train d'enfer
les cerveaux allient l'extase
aux corps éthérés.
Panique à fendre l'air
autour du point de fuite
tout converge vitesse lumière.

Sortir de l'index la passion.
Des doigts de miel s'agitent
cherchent les touches du plaisir.
En déserteurs
les archanges descendent de leur arc-en-ciel.
Délire.
Qui dit que l'hiver est long
lorsqu'il porte des flammes si hautes ?

Tout en gestes
une nudité remplie d'intrigues
l'amour s'invente.
De l'autre côté de la mer
des ténèbres aussi bleues que des icebergs.
D'une nuit à l'autre
surfent les cerfs-volants.
Un filet d'étoiles
et les corps s'esquivent.

Traverser sans réserve
ce qui reste
de la vie.
Dans un buste ferme
reprendre son souffle.
D'un seul élan
renvoyer la conscience de la douleur à l'échafaud.
Pleine nervure autour du crâne envoûté.
Le regard fou de la mort
en direct
des anges répondent à l'appel.

Court
le jour s'allonge
seul asile de lumière
de l'autre côté de la chambre.
Les yeux restent surpris.
Le bonheur prend une allure désinvolte
s'éclipse éclair net entre les doigts.
Est-il possible de s'arrêter?
De respirer l'odeur obscène des ruisseaux
au mois d'avril
où la terre en chaleur
abandonne ses secrets?
L'amour à bout de souffle
prend des mots toujours plus fougueux
et le trouble dure.

D'une certitude à l'autre
le corps allumé se presse.
Au milieu du labyrinthe
la vie est perdue.
D'un regard froid
la mort guette la première sortie.
Rester là
dans un poème
attendant son éclosion.
L'œil braque les étoiles
témoins vivants de cette ultime nuit.

Au fond d'une rétine cybernétique
l'œil cligne digne.
De la couleur et de la texture
allument le discours d'une chaleur inédite.
À vif
le mot brise toute certitude.
Il y a longtemps
que les corps délestés de leur ancre
ne craignent plus la chute.
Mais où dans le silence sommes-nous ?

Un plein lit de nuages
berce l'hiver de la conscience.
Des rivières
longues échelles de feu
portent haut
une âme évadée.
Au sol dans les ronces
une lame d'amour se perd.
Puis la vie penche ailleurs
laissant les neurones exaltés
changer d'horizon.

Au milieu des flashes
des milliers de lettres meurent.
Dans la gorge
du silence en vrac.
À chaque angle
une pulsion vole
d'un cri de vie.
Lire dans la coulée d'une lumière
les scénarios possibles
fanions levés au bord des larmes.
L'amour glisse
pendant qu'un corps naît
dans un tourbillon de cailloux
emportés par la mer.

Une porte s'ouvre.
Des pas de course
traversent le jardin.
On célèbre la naissance
ou la mort.
Les yeux cherchent
quelques parts de vérité.
Gavé de feintes
le monde se dissout
dans sa robe de nuit.
La porte se referme.
Au rythme de la noirceur
les voix de grillons montent.
À l'intérieur
un minuit toujours plus grave sonne.

D'un trait
une toile à contre-jour.
Plus loin
des murs de pierres et des bras de bois
gardent la passion bandée d'un linceul.
Dernière contraction
un souffle mène le vent vers d'autres corps.
Mutants
des yeux de nuit
sur un tableau gravent l'amour.
D'un contraste à l'autre
la pudeur perd du terrain.
Les peaux de contact se perdent.

Plus ardent au fond de l'océan
sur les peaux d'étain
le soleil casse ses rayons.
Combien de temps faut-il habiter les scaphandres
pour regarder passer les étoiles de mer?
Laissant derrière quelques égratignures
des vagues vont et viennent dans le sable
buvant les forteresses.
Les enfants continuent de sculpter des châteaux.
Ils croient qu'ils sont plus puissants
que les longues lèvres de la mer.
La marée revient
les villes fantômes glissent
grains de sel
fondant au milieu d'une soupe chaude.
Sous les parasols bleus blancs rouges
les petits se rendorment.
Ils rêvent aux scaphandres
bécotés par de joyeux poissons
qui nagent entre les coraux.

Touchés du bout des doigts
les volets s'ouvrent
sur un banc de rêves.
Lit blanc
où flirtent des mains de rappel.
Lorsque les mots du désir s'en sont allés
il n'y a rien que le corps ne puisse signer
autrement que par la mort.
Touchés du bout des doigts
les volets d'une ronde tournent.
Remettre le jour dans son axe.

Les yeux
autour de la fête mirent la folie.
Danser rue des Anges
le visage enflammé
carnaval de Rio.
Au rythme furieux de la musique
les veines bandent
prêtes à détoner.
Puis tombe sur le papier
un grand écho autour des mots.

L'odeur létale du silence
traverse les chambres.
Des mots perdus
meurent en secret.
Mots qui nomment la passion
et les caprices.
Mots qui font peur le soir.
Mots tout en gestes
qui déposent les lèvres au sexe.
La vie entre les pierres casse
enveloppée de verbes chauds
qui n'arriveront jamais à temps
pour vivre au creux de l'oreille.

Les bras se referment arc-boutés
en forme de longues fenêtres
étreignant le froid.
Au milieu du jardin
des enfants jouent
laissant les vents friser leur corps de fortune.
Leurs mains promptes
déchirent l'herbe pour en faire des paillasses
où dormiront leurs corps mutants.
Pendant que les enfants bayent
au milieu des papillons jaunes
des cris de bêtes sauvages
feulent dans la nuit.
Parachutes gonflés de vent
les méduses repoussent les eaux salées.
Peut-on voir au-delà des remparts
ce qui délie le petit de la mort?

Tombe la censure hors de la prison.
Par la fenêtre
un seul paysage tourne autour
gaz lacrymogène
qui fait pleurer les oiseaux
avant de les endormir.
Du plaisir nomade
la lumière fuse.
Au bord de l'océan
un radeau ensablé
porte l'odeur d'une sirène.
Lorgner très loin
là-bas le désir.
La vague si haute casse.
Sur le courant l'amazone file.

Bondir
axes tendus vers l'azur.
Le long des murs
coule un courant d'air
au parfum musqué.
Un goût de bonheur.
Traverser la nuit
d'un matin à l'autre
dans l'affouillement de la solitude
qui touche à tout sur son passage.
Ficeler en un bouquet de rêves
les minutes d'un corps gavé de sommeil.
L'ascète se réveille nue
léchée de draps d'or.
Sortir du monastère lardée de plaisir.

Si longue est l'absence.
Fermer les volets pour hiberner.
Face aux yeux livides
les lunes passent l'une après l'autre.
Sur son socle la tête tourne froide.
Vers l'avenir s'immiscer
et débouter la mort de ses doigts d'ogre.
L'illusion s'arrête ici
à la hauteur où le regard peut encore
surprendre.

Au cœur de la ville
le banc porte toujours
des histoires et des amours.
Si le banc pouvait parler
il réciterait une à une
les larmes qui ont mouillé sa pierre
chapelet de roses coupées
au bout de leur salive.
Si le banc pouvait parler
il nous dirait qu'il préfère les cactus
dans le désert.
Le banc ne ment jamais.
Il est muet.

À chaque nuit
ses rêves et ses fantômes.
Les langues sont travesties.
Sans avenir
des mots dépouillent la conscience.
Se taire
laisser la muse filer.

La porte s'ouvre.
Le vent de sa froideur
gagne les corps.
Au plancher
une gamme de carrés
où les pieds nus au hasard se croisent.
D'un souffle
la porte se rabat.
Les jeux sont faits.
Les pieds enchantés quittent le damier.

D'étoffe et de censure
les peaux crient
laissant les cuisses aux sexes nerveux.
L'espace toujours la nuit
rétrécit jusqu'à toucher
la fragilité de nos épidermes.

La passion couve le plaisir
comme une poule printanière
incube ses œufs.
Et puis la naissance
et puis l'orgasme
et puis les cris mordants du petit
qui respire pour la première fois.
Garder au chaud
sur la pierre
toute invention de vie.
L'enfant dort.

Un palais se dresse au bord du désert.
Voir côté jardin
fleurs et marais.
Dans un cataplasme de soleil fondant
le jour surgit.
Mirage.
Aller côté cour
marcher sur le sable mouvant.
Sentir la douleur s'émousser
abandonnant au corps son poids de vie.
Aussi secret qu'un pincement de cœur
le verrou de la fenêtre se ferme.
Le vide
tombe d'un seul bloc.

Les baies ouvertes sur l'océan
laissent les courants porter
un goût de baiser
un élan de plaisir.
De l'autre côté du monde
des lèvres bourrées de silence
se rapprochent de la passion.
D'un vertige à l'autre
les amazones filent
embrasant leurs sexes fous.
Casser sur le champ
la routine de l'Absence.

Au lieu de la fenêtre
une embâcle de lumière.
Les corps bien en vie s'y retrouvent.
Happé par des millions de rayons telluriques
le cerveau cherche une raison.
Puis sur le ventre mystérieux
les mains se faufilent.
L'orgasme n'est-il pas au corps
ce que la lumière est à l'âme
à l'instant où l'obscurité tombe
une dernière fois au fond des yeux?

À pleines rues
des bruits étourdissants allument la ville
de bar en bar.
Semblables à des paillettes
à l'ombre d'un néon cassé
les cœurs férus scintillent.
Rêve noir.
Le vertige et les corps de course
font une boucle de fortune.
Demain
toujours le soleil se lèvera
comme une déesse en rut
qui cavale entre les montagnes.

Abandonner à la ville ses bombes.
Au rythme d'une danse profane
les gouttes de pluie
lavent les murs des boulevards.
Bientôt les images de plaisir
marqueront d'un jet
la mémoire vive.
Les portes bâillonnées
les yeux clivent le rêve.
D'un pas
chercher ailleurs la vivante.

La douleur se trisse
abandonner le château fort
à la juste seconde.
Une porte s'ouvre
et encore aujourd'hui la vie.
Entre les ventres
l'excès.

La colère étouffe
aimer tient tout son drame.
Dans sa chute
la foudre brûle les peaux d'exil.
Errer au cœur de l'orage mauve
pendre la mort
en plein milieu de la place.
Dernière scène
où les actrices crânent.
Sur le délire le rideau tombe.
Silence.
Pattes de mouches
autour d'un sucre blanc.
La trappe se referme.
Ni mot ni rire ne traînent
au milieu du théâtre.
Seuls des barreaux de soleil
captivent l'œil égaré.

Au bord des narines encore endormies
l'air fleure un bouquet de vivant
une odeur d'assaut.
Le jour hésite sur les paupières rebelles.
Quelques gestes
puis le corps retourne au rêve.
Devant une porte entrebâillée
la conscience ferme l'œil.

Saisir à la seconde même
ce qui risque si abruptement de tomber.
Ce qui d'un même instinct
peut s'allumer ou s'éteindre.
Autour du manège
l'attirance.
Au crépuscule
les barrières se ferment.
En touristes distraites
restons à la chapelle
ardentes.

Fiévreuse
une momie enveloppée de songes
dort la tête prise
entre la fiction et l'évidence.
Ailleurs
le corps surréaliste voudra
impressionner les déesses
vendre son âme.
D'une langue chercheuse
retrouver l'amour.
Ouvrir
au bout de la vie
le menu paquet de souvenirs.

Au moment où la mort
d'un seul pan
dresse tant d'ardeur
il est temps de se reposer.
Danger.
La lune roule
toujours plus près du ventre.
Une mutante naît
laissant à la mer ses eaux tourmentées.
Le temps d'une trêve
les pendules s'arrêtent.
Un cœur bat.
Tout feu tout flamme
le plaisir lève
et les muscles forts
tissent des courbes dernier cri.

En fidèles jalonneuses
les pierres gainent le récit
donnent aux mots toute leur tension.
L'inspiration flirte avec la douleur.
Déjà des cicatrices cassent
des phrases filiformes délient les maux.
Soudain un texte de corps vivante.
Rien n'échappe à la mémoire
lorsque la main erre sur le papier
livrant ici et là une peau d'éternité.

Deuxième voix

l'écho

des mots tabous

Absence

Redire une rose à la main ce qui casse sous la langue avant que le désir ne s'imprègne. Les yeux veulent à tout prix garder la cible. Le corps d'une seule main n'arrive plus à écrire ce que l'âme accroupie au bord du ciel veut ravir avant de s'échapper. J'écris doucement rose sur blanc nuances confondues. Absence.

Mot tabou ABSENCE. Au bout des cils une larme. Le cœur bat vite. Dans un cataplasme les sources et les rivières mixent leurs vagues chagrins. Étang de mort. J'ouvre les yeux. Les papillons volent gris loin de mon regard déchu.

Amer

Chercher la langue. Celle qui parle d'eau et de feu au moment où la terre s'éteint sous le poids des morts. Morts de silence qui n'ont jamais trouvé les mots pour crier l'indignation. Laisser enfin sur l'épiderme l'eau séchée. La langue a un goût amer.

Mot tabou AMER. Un goût salé calcine mes lèvres. Sensations de panique lorsque la langue s'ennuie et confond passion et mort. Langue qui décrie l'amour. Langue qui veut classer à midi ce que la nuit a tout mêlé.

Grave

Le cœur chargé le visage s'éveille toujours des caresses graves sur la peau.

Mot tabou GRAVE. Graves dans le muscle des attaches qui n'ont plus de cœur. La dérive dans nos corps si grande la liberté. Grave ce moment marque en moi toutes sortes de trajectoires lorsque tu pousses encore plus loin l'étreinte qui m'empêche de repartir.

Émotion

Une inspiration et le texte coupe tout. Des fourmis dans les doigts les fantasmes coulent pleins d'encre. Une page se noircit tombeau dormant à ciel ouvert. Voilà l'émotion.

Mot tabou ÉMOTION. L'énergie bouge au bas du ventre. C'est ici que s'arrête le texte. L'émotion s'est vidée de son délire tel un bébé qui pousse son dernier cri.

Émeute

Que vaut le temps si le soleil est noir et la terre blonde comme une fée qui a perdu sa baguette magique? Si les souffles ne se touchent plus? Si écrire n'ancre plus rien? Où va la vie si les boulevards se mettent à douter de leur sort quand les piétons frétillent sur le béton armé? Où est la vérité à l'instant où l'ombre blinde les paupières de l'enfant qui regarde passer la guerre entre deux feux d'artifice?

Alors la poésie. Dans une balance mesurer les mots de tout leur sort portant. Mots de proues mots XXX mots debout subtilisant toute étreinte des yeux. Les mots de décharge virent à l'émeute.

Mot tabou ÉMEUTE ou l'urgence de briser l'insoutenable. Parce qu'écrire c'est tout casser et rebâtir à petits coups de mine ce qui nous prolonge d'une pulsion à l'autre.

Feinte

Les bouches se contactent. Trop tard pour les mots le temps court et les peaux brûlent. Corps d'éclipse sans gorge tombent dans le chaos d'une éternelle fin qui n'en finit plus de nous parler d'amour. Feinte.

Mot tabou FEINTE. Faire semblant que l'éclipse nous met en veille. Que demain nous reprendrons le large laissant l'océan retourner dans sa bouteille verte. Puis le temps dans l'horloge cessera de tourner en rond alors que nos consciences éphémères rongeront leur sort.

Peau

C'est une affaire vieille comme le monde qui se règle à coups de vertige. Trois pas rapprochent un pas éloigne et un ventre en spasmes. D'une contraction les eaux se rompent et l'enfance naît. Un soi de femme apparaît. La mère s'éloigne laissant le miroir tomber sur le plancher de bois. Corps de mère/fille. Si tôt dans l'existence une peau est rompue.

Mot tabou PEAU. Elle couve au chaud le corps. La peau rattrape le plaisir et file sous tous ses angles une carapace de pierres. Curieuse la tortue retourne à la mer avec le seul désir de rester au fond de l'eau. Au milieu des algues une matrice de vagues et des poissons phosphorescents brillent en infimes soleils d'océan. Peau de pierres traversant les temps qui s'ajuste au confluent de la vie et de la mort.

Continent

En avoir plein la vue de l'Asie de l'Afrique et des zèbres dansants. En avoir assez des fausses démocraties qui créent l'épouvante sur des terres éventrées. Revenir naine dans la forêt noire. Sauvage et vierge la forêt avec ses arbres tordus qui dépècent le sol. La naine marche tapant de ses pieds la terre pour exorciser la mort. La naine rit et se balance d'une liane à l'autre étirant ses longs bras de contraction. Le vertige aux doigts la naine danse dans le ciel cherchant de nouvelles trappes. Enfin s'évader. Puis d'autres continents.

Mot tabou CONTINENT. La terre aujourd'hui minuscule et les falaises divisent les eaux salées. Des gouttes de larmes tombent de nos joies. Le continent est fiévreux mais la naine sur les joyaux allumés passe le pas solide.

Épée

Les négresses meurent dans le sud. Leurs bras se font aller autour de ballots d'ennui qu'elles étalent perdus dans les champs de sudation.

Les négresses battent le blé pour faire le pain. En décapitant l'herbe elles chantent pour moins souffrir. Rictus. Nobles les longues négresses portent dans la main droite l'épée d'assez.

Mot tabou ÉPÉE. L'épée coupe et dessine le cours des vents. L'épée attire la foudre et casse les orages. À la pointe de l'épée la survie s'écrit toujours en rouge. La négresse tient l'arme blanche collée à sa peau d'éternelle mutine.

Pleureuse

Dans l'océan coulent des pluies de fonte où s'éga-
rent des manuscrits remplis d'encre délavée. À
cette heure où la nuit darde dans le noir sombrent
des larmes de pleureuse. Veuves pleureuses.

Mot tabou PLEUREUSE. Pleurer fait éclater du
mystère et de la douleur. Les larmes sont moins
amères lorsque ma langue les saisit pleine bouche
sur tes joues. C'est à coup de larmes que dure le
deuil et l'amour se tait.

Rouille

Rousse couleur des arcs-en-ciel usés. Rouge l'attrait pour la passion ou le sang. Corrosion rouille.

Mot tabou ROUILLE. Elle décape jusqu'à la moelle le corps tombé en petite salive détachée. La rouille habille les derniers clous du cercueil que des mains sans pitié closent. Puis les doigts esseulés se joignent tels des soldats venant de capituler.

Blanc

Au bord des lèvres pointent des lettres d'errance.
Manuscrit aérien où les mots s'écrivent en blanc.

Mot tabou BLANC. Pureté et absence. Blanc où les
traits posent dans le recueil tant de solitude. Je
regarde une photo noir et blanc toi floue que je
vois aller plus loin que l'horizon. Blanc velours de
sable dans ma conscience neutre.

Asile

Tu t'arrêtes. Des pas de graffitis greffent au corps sa nostalgie. Tes pieds de feu cherchent asile.

ASILE mot tabou. Nous cherchons une terre de braise et de cendres laissant nos corps caler libres d'incarcération. Asile aux confins de l'enfer emportant tout sur son passage. L'asile une balle de neige dévalant la pente. Trou de balles sur nos épidermes. Non à l'asile au manteau de glace qui s'émousse à chaque printemps entre nos doigts.

Mer

L'aube surgit ton sur ton. De toutes ses dents le soleil dévaste. Des gestes de routine s'entament. Les mains porteuses de terreur nocturne pelotent quelques rêves toujours actifs. Une femme s'allonge. Au bas du ventre ça tremble. Pulsions de mer en rut.

Mot tabou MER. Son homonyme me rattrape encore lorsque la tristesse plaque de cuivre mon visage. Vert-de-gris. Mer parce que c'est amer dans ma gorge qui gare le danger. Mère libre à cet instant où le ventre de la faucheuse m'échappe.

Arrêter

Des doigts d'étoiles et la magie lève. Avant que le désir ne casse sous les draps arrêtons-nous juste ici.

ARRÊTER mot tabou. S'arrêter parce qu'ailleurs il y a des vagues hautes comme le monde qui montent droit au cœur. S'arrêter par la magie d'une intuition venant braquer les paupières avant de s'endormir. S'arrêter en plein vertige d'orgasme chargé d'éternité.

Avalanche

La peau gracile une sirène chavire battant de la queue entre deux requins. Le corps délié fuit dans l'avalanche.

Mot tabou AVALANCHE. Libre le corps vrille. Mes doigts cherchent les mots. Décrire encore écrire d'espaces perdus des fossiles empreints de nos âmes échappées.

Cicatrice

Monter à deux minutes vers l'est redingotes de nuit et chasuble d'aube bien frisée aux épaules. Des étreintes de noirceur encerclent les corps. C'est comme cela que l'on nomme la nuit des cicatrices.

Mot tabou CICATRICE. Tendue sur la peau de soie une blessure s'étiole. Le corps tatoué d'impressions laisse dans le sable de vagues traces.

Sage

L'amour passe miroir d'hier à demain. Un vent brusque et le rêve prend le large. Aller droit au but avant que le ciel de sa grande gueule ne gobe tout. La nuit dans le danger garde les sages.

SAGE mot tabou. Sage ou l'art d'être muette. Le temps coule dans les sillons du visage. Visage de souffles et d'atteintes. Dormir sage. Dehors la vie tue le temps.

Silence

De nos yeux de feu toujours les masques tombent.
De l'allégro monte le silence.

Mot tabou SILENCE. Au bout des bouches pend
un vide d'enfer et les funambules tiennent à leur
pied le danger.

Corps

Chaque souffle coupe mouvement sec dans l'espace. Thorax bombé tu tombes dans mes bras gros
chagrin à consoler. Ton sur ton corps de soleil.

Mot tabou CORPS. Des lèvres roulent d'une
langue à l'autre laissant derrière les gorges para-
lysées. Un seul appel... d'amour d'hier.

Salée

Le dos cambre et le vol est puissant. Drôle de temps pour un bain de minuit. Au-dessus de l'océan la brise est salée.

Mot tabou SALÉE. Âcre sur la langue. Salée ou l'épice pleine saveur sur ta peau. Hier tu te retournais toutes saveurs confondues.

Troisième voix

l'écho

des ombres grandes dans la gueule

Les ombres grandes dans la gueule
la nuit court vagabonde
dans le ciel des bras d'étoiles
font la guerre
tombe le feu.

Soleil d'étreinte
trou noir l'orage
fond d'ennui
la pluie encore la pluie
glisse algide
émonde le visage
trou noir d'apocalypse
tout meurt
à un cran de la vie
le passé
de l'espace dense
du silence.

«Mordre en sa chair»
saliver lèvres bourrées d'accent
mots d'épiderme
surtout les mains
cherchent au bout
l'âme échappée
la paupière tombe
l'œil touche à tout.

Coupé entre les cuisses
l'élan
plate-forme de désir
hanches brûlantes
bouches suspectes
toujours mon amour
ta langue incongrue
tes doigts sans secret
et mon corps gracié.

Sur la table
du papier farci d'étincelles
la pupille chambre noire
une incursion dans la mémoire
plus forts encore les mots
devant moi le champ
sans lit ni chandelle
vers le désert frigide
les esclaves partent
salive aux dents
la peau re/belle
s'en vont
jouer leur sort.

Les mains se joignent
une prière
mensonges secrets
la mémoire broie
la réalité prend un coup de vieux
corps de bois aux cheveux frisés
main jalouse chassant le vent
s'enfonce dans les boucles
la main caresse
d'une impitoyable lucidité
à faire trembler les tempes.

Les lettres transitent
des serrements de cœur
les lèvres s'agressent
détournent l'attention
dans la rafale
oui à l'éternité
les corps sont un présent
tout d'un coup reconstitué.

Tu te retournes
nos yeux filment
la vie rides éclatées
au creux des paumes
des mains franches
corps de valence
entre l'extrême
osciller funambule folle
perdue dans le mobile

Des sens et des gestes
le beau piège te déshabiller
besoin de lumière
le temps de voir l'amour
toi muse là
au corps rassurant.

La nuit colle à l'âme
vitesse lumière
les muscles tension d'amour
d'une cité perdue
l'échappée
courant d'air en furie
les doigts se posent fous
au milieu de la nuque
vertige
comme une étreinte
tomber de haut.

Silence
les rues cafouillent
combien de villes
à toi le continent
à soi la prison
le temps s'achève
il nous reste un demi siècle
mon amour une chambre à nous
qu'en penses-tu ?

Rien
deux étrangères
s'inventent le paradis
je sais le corps fou
et la dame de passion
de la texture
enfin s'arrête le théâtre
la lumière sur le temps
éclipse nos corps.

Mes bras d'invasion
saisissent le vent et les étoiles
rien ne s'arrête
de la mort et de l'amour
peau lactée au goût de langue
doucement mon amour
ce matin la nuit nous renverse.

Vite le vecteur
casse dans les veines
futile couloir
où l'aube descend
lourde dans mes bras
mon amour
l'aube s'accroche
la dérive est sérieuse.

Poussières entre les pas
tu restes là
fable inachevée
juste à gauche un cri
à gauche mon amour
retourne-toi
paroles majuscules
lanterne magique
je suis là.

TABLE DES POÈMES

Cet ouvrage, composé en Bodoni corps 12

sous la direction de

Louise Blouin et Bernard Pozier,

a été achevé d'imprimer pour le compte de l'éditeur

Écrits des Forges, en avril 2000

sous la supervision de

1497 Laviolette, Trois-Rivières, Québec, Canada

tél. : 1.819.376.0532
téléc. : 1.819.376.0774
internet : compo2000@tr.cgocable.ca

Imprimé au Québec